Fiche **notion**

Par Arnaud Sorosina

Le devoir

lePetitPhilosophe.fr

Associez chaque citation à l'explication qui lui correspond.

Choisissez un sujet bac et construisez le plan de votre dissertation en y associant, si possible, certaines des citations et des explications reprises ci-dessus.

INTRODUCTION

L'homme ne se meut pas seulement dans un monde de faits – domaine privilégié de la description, de la science de la nature –, **il agit aussi selon des valeurs** – domaine qui relève des sciences humaines, et en particulier de la morale. Ainsi, nous inscrivons nos actes et nos œuvres dans l'ordre des faits, mais à la lumière de représentations qui visent à transformer un état de fait préalable.

Si nous agissons sur le monde pour le transformer, c'est bien que celui-ci ne nous satisfait pas pleinement. Ce qui est ne nous suffit pas : **notre idée de ce que le monde devrait être vient buter sur les insuffisances que nous y observons** – à commencer par les nôtres ! Le mal, sous toutes ses formes – le laid, le mauvais, l'erreur et le mensonge –, rend impératif une réflexion sur la manière de rendre le monde plus conforme à nos attentes. L'idée de devoir provient ainsi de cette fracture entre le monde que l'on constate et le monde que l'on aimerait voir advenir.

Mais le devoir ne détermine pas tant l'action utile que l'action bonne. D'où la nécessité de définir ce qu'est le Bien, non pas en vue d'un but particulier, dans une situation particulière, mais de manière absolue.

<u>Niveaux de lecture :</u>

*** : incontournable

** : à ne pas négliger

* : pour approfondir

APPROCHES DE LA NOTION

LES ORIGINES DE NOS DEVOIRS

De la contrainte à l'obligation **

Traditionnellement, on distingue l'obligation de la contrainte :

- alors que l'obligation implique la liberté de choisir ;
- la contrainte évoque plutôt un obstacle extérieur qui induit le renoncement à la liberté.

Le devoir se confond alors avec l'obligation : il oblige, mais ne contraint pas. Pourtant, on parle également de devoirs dans des cas où une contrainte est exercée. En réalité, **la différence entre l'obligation et la contrainte est plus de degré que de nature**.

En effet, avant de pouvoir décider librement de nos devoirs par une obligation autonome (que nous nous donnons à nous-mêmes), nous devons en passer par la contrainte extérieure. Comme l'explique **Emmanuel Kant** (1724-1804) dans son *Traité de pédagogie* (1803), **éduquer, c'est former à la liberté, c'est-à-dire à l'autonomie, par la contrainte** (citation 1).

L'enfant n'est d'abord pas capable de s'orienter dans l'existence, et il est logique qu'un tuteur pallie cette faiblesse et canalise les pulsions infantiles dans un sens qui n'entre pas en contradiction avec les exigences de la vie en société. C'est donc par la contrainte que l'enfant fait l'apprentissage des valeurs, et non par l'entendement : un interdit ne peut obliger un enfant si lui-même ne connait pas encore la distinction entre le bien et le mal. Mais qu'est-ce qui empêche que ces contraintes ne soient pas perçues comme une injuste tyrannie s'opposant aux désirs infantiles ?

L'enfant apprend rapidement qu'il est dans son intérêt – plus qu'il lui est vital – d'obéir. En effet, l'obéissance est payée de récompenses et de reconnaissance. Est-ce à dire que le fondement de l'obéissance se trouve, finalement, dans le désir de reconnaissance ? **Alain** (1868-1951) rappelle, dans ses *Propos sur l'éducation* (1932), que **l'accès de l'enfant à la rationalité permet de restreindre l'obéissance d'origine affective à la seule famille**. En d'autres termes, lorsqu'il accède à la raison, l'enfant n'obéit plus pour être récompensé ou reconnu. Avec l'autorité de l'instituteur, qui l'institue comme sujet moral, les motifs d'obéissance d'origine affective sont progressivement remplacés par des motifs plus rationnels tels que le savoir et l'émulation.

Les devoirs sociaux **

À travers ces tuteurs, c'est la société dans son ensemble qui cherche à s'incorporer en nous : à travers chaque manifestation particulière de l'autorité, rappelle **Henri Bergson** (1859-1941) dans *Les Deux Sources de la morale et de la religion* (1932), c'est le « tout de l'obligation » qui apparait en filigrane. Autrement dit si, malgré la diversité de ses représentants, les valeurs imposées sont semblables et cohérentes, c'est parce que, à travers eux, c'est la morale sociale qui parle.

Mais si la socialisation était le seul fondement du devoir, alors celui-ci, loin d'être un consentement volontaire, ne serait que le produit d'un déterminisme éducatif. En effet, **il ne suffit pas d'intérioriser des valeurs, encore faut-il se les approprier pour les faire siennes**, sans quoi nous serions seulement dépositaires d'impératifs sociaux tenus pour sacrés.

Par conséquent, si l'éducation forme à la liberté par la contrainte, **il vient un temps où il est nécessaire d'apprendre la raison d'être de l'obéissance aux règles**, afin d'en percevoir les limites. C'est ce que remarque **René Descartes** (1596-1650) dans le *Discours de la méthode* (1637) <u>(citation 2)</u>. Celui qui obéit aveuglément aux règles ne saurait en effet se revendiquer du devoir. Un être socialisé n'est pas encore élevé à la dignité d'homme s'il n'est pas capable d'adopter une distance critique vis-à-vis de la société, de juger les normes sociales à l'aune de valeurs morales. Ainsi, les mœurs sociales sont des conditions nécessaires, mais non suffisantes à l'avènement de l'obligation morale.

Le relativisme moral ***

Mais alors, si aucune société ne peut prétendre être la source du devoir, comment fonder celui-ci ? Et surtout, un tel devoir existe-t-il vraiment ? Comment peut-on parvenir à une forme universelle du devoir, alors même que **les sociétés ont des coutumes et des pratiques si diverses** ? **Blaise Pascal** (1623-1662) a mis au jour la portée dramatique d'une telle diversité <u>(citation 3)</u>.

Ce relativisme a deux effets :

- d'une part, il nous prémunit contre les dangers de l'ethnocentrisme, préjugé qui consiste à prendre les pratiques et les croyances de sa propre culture pour l'étalon permettant d'en juger d'autres ;
- d'autre part, il attire l'attention sur la morale telle qu'elle existe en fait, et non sur les principes de la morale.

BON À SAVOIR :

Le **relativisme** est une doctrine selon laquelle la vérité dépend des individus. Ainsi, toute connaissance humaine est relative, de même que les valeurs morales, qui varient en fonction des époques et des sociétés.

Or, malgré la variation des pratiques, **il y a des principes moraux constants**, à commencer par celui-ci : il vaut mieux faire le bien que le mal. Dans la détermination des critères de ce qui est bien, on trouve certes des différences, mais certains principes comme celui qui proscrit le meurtre gratuit sont universels. Il s'agit donc de distinguer, dans les pratiques culturelles, celles qui sont universelles, donc légitimes, et celles qui ne sont reconnues qu'au sein d'une certaine société. C'est peut-être ici que se joue la différence entre :

- d'une part les mœurs, particulières ;
- d'autre part le devoir moral, universel.

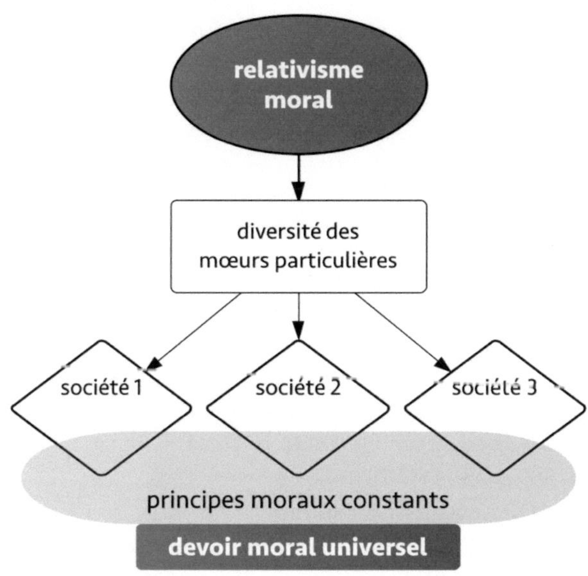

LE FONDEMENT DU DEVOIR

Y a-t-il une morale naturelle ? **

Pour échapper au relativisme, on invoque parfois un fondement naturel de la morale, qui aurait été masqué par la culture. Ainsi, **il existerait un devoir naturel**, fondement de la légitimité morale. De sorte que la diversité des mœurs pourrait être ramenée à une racine commune fondée sur la nature profonde de l'homme, en deçà des différentes coutumes.

Cependant, une telle conception ne prétend pas trouver des valeurs toutes faites dans la nature, mais plutôt rappeler que toute valeur morale n'est qu'une élaboration culturelle de comportements naturels. En somme, ceux-ci suggèrent des directions que la morale peut prendre.

BON À SAVOIR :

L'**état de nature** est une hypothèse philosophique qui consiste à imaginer l'homme avant qu'il ne vive en société, avant qu'il ne partage des lois avec autrui.

Dans son *Discours sur l'origine et les fondements de l'inégalité parmi les hommes* (1755), **Jean-Jacques Rousseau** (1712-1778) insiste au contraire sur l'amoralité de l'état de nature : **la moralité ou l'immoralité n'existent que dans une culture donnée**. Il n'empêche que la culture a obligatoirement une origine naturelle : par conséquent, l'homme n'a pas inventé la morale, mais il a sélectionné les comportements qui, dans la nature, étaient conformes aux valeurs sociales et humaines. **Aussi la nature peut-elle nous indiquer le chemin du devoir.**

BON À SAVOIR :

L'**amoralité** désigne l'absence de morale, le caractère de ce qui se trouve au-delà de toute distinction entre le bien et le mal. Quant à l'**immoralité**, elle désigne une conduite contraire aux principes définis par la morale.

Le problème, cependant, est que les philosophes ne s'entendent pas sur la nature dudit chemin :

- certains estiment que **les comportements des hommes sont naturellement altruistes**, motivés par des sentiments de pitié face à la détresse d'autrui (Rousseau) ou fondés sur la solidarité de la cellule familiale originelle (David Hume, 1711-1776) ;
- à l'inverse, **Thomas Hobbes** (1588-1679) et les moralistes du XVIIᵉ siècle (notamment **François de La Rochefoucauld**, 1613-1680) ont beau jeu de montrer que **ces comportements naturels sont en fait des formes particulières de l'égoïsme**, de sorte que tout comportement naturel est, au fond, intéressé : l'entraide, dans la nature, est toujours un instrument de puissance.

Ainsi, la nature ne permet nullement de trouver un fondement unique du devoir.

Y a-t-il une morale rationnelle ? ***

Pour fonder une idée du devoir qui soit universelle, **Kant** s'efforce de rendre celui-ci indépendant de tout motif sensible et de tout contexte particulier. Il est le fondateur d'une théorie pure du devoir, fondé sur la seule raison.

Les motifs d'agir empiriques (liés à l'expérience) sont essentiellement utilitaires : qu'ils permettent d'aboutir à notre bonheur personnel ou à celui du plus grand nombre, ils relèvent de l'eudémonisme, qui identifie le bonheur (*eudaimôn* en grec) au souverain bien. Par conséquent, le devoir n'est qu'un moyen en vue d'une fin plus grande que lui, le bonheur.

Le devoir au sens fort que lui donne Kant s'oppose à un tel eudémonisme : **le bien doit être fait parce qu'il est bon, non parce qu'il rend heureux**. Mais comment définir le bien indépendamment de toute référence au réel ? Par **une loi morale** :

- formelle : elle est vide de tout contenu particulier ;
- universelle : elle est valable pour tout homme, en tout lieu et en toute circonstance ;
- rationnelle : elle nous est révélée par la raison, instrument universel dont dispose tout homme ;
- qui existe à priori, indépendamment de l'expérience ;
- et qui commande inconditionnellement notre action.

Cette loi morale, appelée « impératif catégorique », stipule que **les principes subjectifs de notre volonté ne sont moralement bons que s'ils sont valables pour tous les hommes** (citation 4). **Cela signifie que notre action n'est morale que si on peut, sans contradiction, exiger de tout homme et en toute circonstance qu'il agisse de la même manière.**. Cela signifie que notre action n'est morale que si on peut, sans contradiction, exiger de tout homme et en toute circonstance qu'il agisse de la même manière.

Indépendamment de la situation, le devoir nous commande donc d'agir toujours conformément à la loi morale. Mais pourquoi agirait-on conformément à la loi morale ? Parce que, selon Kant, celle-ci inspire un sentiment de respect qui fait que, même lorsque nous désobéissons à la loi morale, nous avons conscience de ne pas avoir accompli notre devoir.

Ainsi, elle oblige, mais elle ne contraint pas : nous pouvons toujours lui désobéir, mais nous aurons alors le sentiment d'avoir contrevenu au devoir.

On ne devient donc pas moral du seul fait d'avoir pris connaissance de la loi morale : encore faut-il une éducation morale pour nous permettre de l'intérioriser de façon à lui sacrifier nos penchants égoïstes. C'est ainsi que nous devenons autonomes, c'est-à-dire que nous acquérons la faculté de nous prescrire à nous-mêmes, grâce à la raison, la loi morale qui nous fait accéder à l'universel.

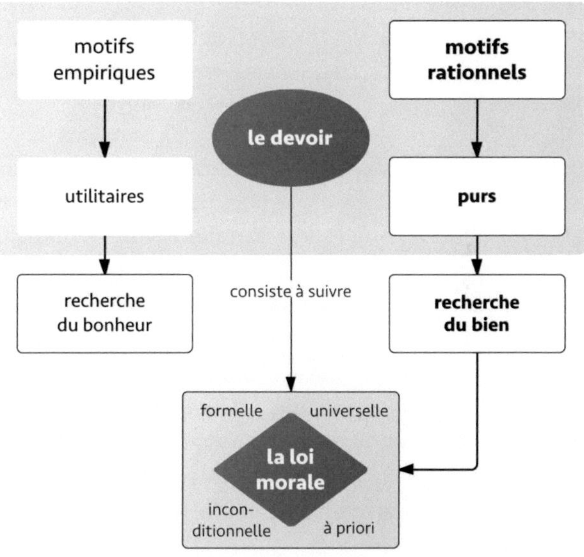

Le fondement de la morale est-il immoral ? ***

Ces tentatives pour fonder le devoir sont sans doute séduisantes, mais leurs intentions sont-elles aussi pures que la morale qu'elles élaborent ?

Sous prétexte de fonder une morale pure, les philosophes se sont rendus aveugles, soutient **Friedrich Nietzsche** (1844-1900), aux valeurs implicites qu'ils admettent dans leur théorie. Il montre, dans *La Généalogie de la morale* (1887), que la plupart des philosophes ont accepté sans l'interroger le préjugé moral chrétien selon lequel il est bon de faire le bien d'autrui, de se sacrifier et de sacrifier sa sensibilité devant sa raison. Toute leur entreprise consiste alors à légitimer par une construction intellectuelle une morale qui est en fait déjà tenue pour vraie. Mais il n'est pas démontré que les valeurs chrétiennes sont valables (citation 5).

Nietzsche entreprend donc une évaluation des valeurs morales, et montre que **la morale chrétienne repose sur une négation de la vie**, une répression des instincts, donc une forme de ressentiment contre la vie sensible. Le philosophe, repère, au sein des valeurs chrétiennes, une interprétation nihiliste de l'existence humaine : finalement, la vie ne vaut pas d'être vécue. Aussi cette morale, plutôt que de nous permettre de nous épanouir ici-bas, nous permet-elle de préparer notre salut dans l'au-delà. Or une morale qui fonde les valeurs sur l'absence de valeur de la vie ne peut être qu'une morale décadente, selon Nietzsche, une bien triste morale.

Il préconise alors de se tourner vers des valeurs qui valorisent la vie : en effet, **la vie est la seule source de toute valeur réelle**, le seul fondement sur lequel toutes nos valeurs s'étayent. De ce point de vue, même les valeurs décadentes sont issues de la vie, mais d'une vie malade d'elle-même, qui se venge de sa propre faiblesse en l'imposant à tous : la morale du renoncement, du sacrifice des plaisirs, vient des faibles qui cherchent à imposer leur faiblesse à tout le monde. Une morale authentique, au contraire, interprète la vie comme surabondance, c'est-à-dire comme puissance d'agir qui cherche toujours à se dépasser elle-même.

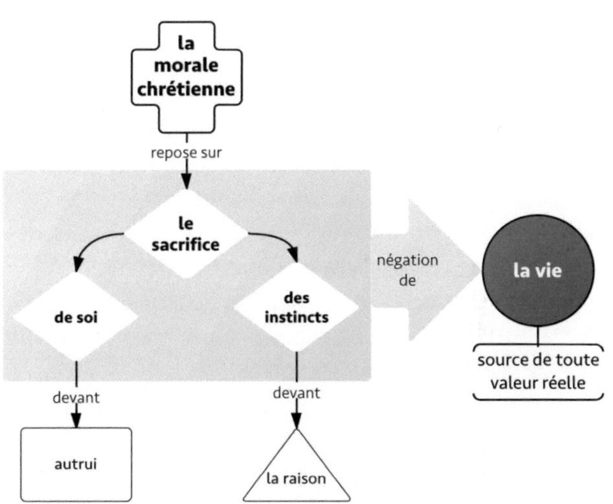

LA PRATIQUE DU DEVOIR

La difficile mise en pratique de la loi morale **

Le problème de la morale rationnelle est que Kant nous entraine si loin au-delà du monde réel qu'il devient presque impossible de faire le chemin du retour et de rendre effective la loi morale. Selon **Georg Wilhelm Friedrich Hegel** (1770-1831), la morale kantienne ne peut être mise en pratique en raison de son formalisme. Or **la moralité n'est pas une simple considération théorique : elle doit aboutir à un comportement moral concret**. C'est l'abime qui sépare, chez Kant, la théorie de la pratique que dénonce Hegel (citation 6).

> ## <u>BON À SAVOIR :</u>
>
> Dans un sens général, le **formalisme** désigne une tendance qui consiste à privilégier la forme des choses, des règles ou des comportements, par rapport à leur fond. Plus spécifiquement, il s'agit de la doctrine morale de Kant pour qui un acte est moral s'il est conforme à la loi morale prescrite par la raison, indépendamment de son contenu ou de ses conséquences.

Kant, au demeurant, était conscient de cette difficulté : il reconnait que **seul un saint peut accomplir la loi morale**. Les motifs sensibles s'imposent avec tant de force dans la pratique qu'il n'est pas même certain qu'une intention morale pure ait déjà existé. Quant à l'idée d'éducation morale, elle est certes séduisante. Mais elle renvoie à un progrès de l'humanité vers la moralité qui laisse l'état présent du monde inchangé en se réconfortant à l'idée que le futur sera plus moral. Kant assigne ainsi à la nature humaine la tâche de rejoindre un idéal, mais ne parvient pas à penser les modes de réalisation de cet idéal ici et maintenant.

Or, comme le rappelle Hegel :

- **la morale n'est pas seulement un horizon historique, mais une exigence présente** ;
- **la motivation à agir, pour mouvoir la volonté, exige la sensibilit**é : les hommes ont besoin de motifs sensibles pour agir. Certes, la représentation de la loi force le respect, mais le respect est un sentiment intellectuel qui n'engage aucunement notre volonté d'agir.

Kant a tellement opposé l'ordre de la raison et l'ordre du monde empirique, pour fonder une morale dépourvue de tout motif sensible, que sa théorie morale semble finalement inefficace. En effet, comme le remarque Hegel, la théorie de Kant parle à notre raison et nous convainc peut-être sur le plan théorique, mais elle n'a aucune puissance pratique : elle est tellement abstraite qu'elle ne saurait mettre en mouvement notre volonté d'agir moralement. Hegel rappelle que la sensibilité n'est pas radicalement opposée à la raison, mais qu'elle est son expression dans le monde empirique. C'est seulement ainsi que l'on peut penser les conditions dans lesquelles le discours moral peut nous pousser à agir moralement. Dès lors, comment peut-on, sans renoncer à l'universalité du devoir, fonder une pratique morale effective ?

La faiblesse de la volonté *

De fait, **il ne suffit pas d'avoir des valeurs pour agir conformément à elles**. Tout le drame de l'action humaine réside dans le décalage séparant la représentation de la valeur de la pratique, comme l'observait **Ovide** (43 av. J.-C.-18 apr. J.-C.) dans les *Métamorphoses* : « Je vois le bien et je l'approuve, mais je fais le pire. » C'est ce que les Grecs appelaient l'*akrasia*, la faiblesse de la volonté.

Cependant, **certains nient cette faiblesse de la volonté**, comme c'est le cas de l'intellectualisme moral. À la fin du *Protagoras* de **Platon** (427-347 av. J.-C.), **Socrate** (470-399 av. J.-C.) critique en effet l'idée que l'on peut se laisser vaincre par le plaisir alors que l'on sait ce qu'il serait raisonnable de faire. Si nous faisons le mal parce qu'il nous apporte plus de plaisir immédiat alors que l'action juste demande un sacrifice ponctuel au service du Bien, c'est bel et bien parce que nous croyons qu'il vaut mieux prendre du plaisir en faisant le mal plutôt que d'agir conformément au devoir à notre préjudice.

> **BON À SAVOIR :**
>
> L'**intellectualisme** est une doctrine selon laquelle tout ce qui existe peut se réduire à des éléments d'ordre intellectuel, c'est-à-dire à des idées, à des raisonnements, à des jugements.

Nous avons beau dire que nous savons qu'il serait mieux

d'agir conformément au devoir, **si nous ne conformons pas notre action à notre prétendu savoir, cela signifie que nous n'avons qu'une connaissance morale apparente, mais non réelle** : nous croyons savoir qu'il vaut mieux agir moralement, pourtant nous agissons selon notre bon plaisir. Cela ne se peut que si nous croyons que la réalisation de notre bonheur personnel vaut mieux que l'avènement du Bien – nous ne savons donc pas vraiment, quoi qu'on en dise, ce qu'est le Bien. Ainsi, lorsque nous disons que notre raison s'est laissée vaincre par le plaisir, nous reconnaissons que nous ignorons ce qui est réellement bien. C'est ce qui fait dire à Socrate que « nul n'est méchant volontairement ». Le sage, quant à lui, sait ce qui est bien et ne le sacrifie jamais sur l'autel du plaisir.

L'exemple des âmes fortes ***

Et pourtant, si l'action morale dépendait uniquement de la connaissance du devoir, alors il suffirait d'enseigner ce qu'est le Bien pour que tous les hommes agissent moralement. Or **Bergson** rappelle, dans *Les Deux Sources de la morale et de la religion*, que **la seule connaissance du devoir que nous pouvons avoir est une connaissance par l'exemple**, ce qui récuse la prétention intellectualiste à fonder l'action morale sur une connaissance théorique du Bien. En tout cas, il est évident que ce sont d'abord les motifs sensibles qui ébranlent la volonté, et non les représentations intellectuelles.

Cependant, Bergson ne souhaite pas sacrifier l'exigence kantienne d'universalité rationnelle du devoir. À ses yeux, **le devoir est à mi-chemin de la représentation et de la volonté** : l'idée de devoir se fait jour à la vue des actes héroïques, ceux qui se situent au-delà de la morale close fixée par la société à travers des formules impersonnelles et souvent dissuasives (« Tu ne tueras point ! »). Ainsi, **c'est la morale ouverte qui est le véritable principe du devoir** : elle est manifestée par des individus d'exception dont la moralité précède toute théorie morale et constitue un guide en deçà de tout discours moral.

Dès lors, le conflit entre la théorie du devoir et la pratique morale se trouve résolu par l'intermédiaire des âmes fortes qui sont pour nous des modèles : elles suscitent une émotion qui nous pousse à les imiter et, à travers elles, nous percevons la loi morale, mais sous des traits humains (citation 7).

L'exercice de la vertu morale *

C'est donc par l'imitation des grandes âmes que se constitue un caractère moral, ce que remarquait déjà **Aristote** (384-322 av. J.-C.).

Plus précisément, selon ce dernier, le bien ne consiste pas à agir conformément à une idée juste de ce qu'il faut faire, mais à s'exercer à acquérir la vertu morale. Autrement dit, **faire son devoir, ce n'est pas respecter la loi morale, mais parfaire sa vertu morale personnelle**, qu'Aristote nomme *phronèsis* : il ne s'agit pas d'une connaissance, mais de la capacité à analyser une situation avec prudence et pondération. Or un savoir-faire ne se transmet pas par des leçons théoriques, mais s'acquiert par l'exercice.

L'homme qui aspire à la sagesse acquiert progressivement des dispositions morales qui, au fil du temps, deviennent un caractère (*èthos*) durable de sa personne. Ce n'est donc pas l'intention de l'acte qui compte, pas plus que ses conséquences, mais la manière dont il modifie l'homme lui-même : **est bon l'acte qui fait de moi un homme meilleur**. La morale, ici, se réduit donc à l'éthique – la manière d'être de chacun. L'homme moral est celui dont l'*èthos* est ferme : le sage ne peut donc être qu'un homme d'expérience.

Si le devoir consiste à être autonome et à s'obliger soi-même à renoncer à certains désirs égoïstes, une éducation morale, d'abord contraignante, est indispensable pour intérioriser les normes morales, comme l'ont fait valoir **Kant** et **Alain**.

Mais, souligne **Descartes**, la morale ne saurait se borner à cette intériorisation : elle consiste à s'approprier les normes, ce qui suppose la capacité de les justifier ou de les critiquer.

Pascal note quant à lui que la diversité des coutumes et des valeurs pose le problème de l'universalité du devoir.

Pour échapper au relativisme, certains ont invoqué un fondement naturel du devoir : la nature nous indique le chemin du devoir. Mais l'avis des philosophes diffère quant à ce chemin : **Rousseau** estime que les comportements humains sont naturellement altruistes, tandis que **Hobbes** défend la conception opposée.

Aussi **Kant** a-t-il cherché à fonder la morale sur la raison, la seule chose qui soit universelle chez l'homme. Il dégage ainsi une loi morale valable en tout temps et en tout lieu pour n'importe quel être humain.

Mais, comme le fait remarquer **Hegel**, la morale kantienne est tellement abstraite et éloignée du réel qu'elle ne peut être mise en pratique ; or la morale ne peut être qu'une simple considération théorique.

Enfin, **Bergson** montre que ce qui nous pousse à agir moralement, c'est l'observation des actions morales d'autrui – où la valeur morale, loin d'être connue théoriquement, est perçue à travers un comportement qui touche notre sentiment et pousse à imiter l'action admirée.

POUR ALLER PLUS LOIN

- ALAIN, *Propos sur l'éducation* suivi de *Pédagogie enfantine*, Paris, PUF, 2005.
- ARISTOTE, *Éthique à Nicomaque*, traduction de Jules Tricot, Paris, Vrin, 1990.
- BERGSON (Henri), *Les Deux Sources de la morale et de la religion*, Paris, PUF, 2008.
- DESCARTES (René), *Discours de la méthode*, Paris, GF-Flammarion, 2000.
- HEGEL (Georg Wilhelm Friedrich), *Phénoménologie de l'esprit*, traduction de Jean Hyppolite, Paris, Aubier-Montaigne, 1947.
- HOBBES (Thomas), *Le Léviathan*, Paris, Gallimard, 2000.
- HUME (David), *Enquête sur les principes de la morale*, traduction de Philippe Baranger et de Philippe Saltel, Paris, GF-Flammarion, 2010.
- KANT (Emmanuel), *Critique de la raison pratique*, traduction de François Picavet, Paris, PUF, 2012.
- KANT (Emmanuel), *Fondements de la métaphysique des mœurs*, Paris, Hatier, 2010.
- KANT (Emmanuel), *Traité de pédagogie*, traduction de Pierre-José About, Paris, Hachette, 1981.
- LEVINAS (Emmanuel), *Totalité et Infini*, Paris, Le Livre de Poche, 1990.
- NIETZSCHE (Friedrich), *La Généalogie de la morale*, traduction de Patrick Wotlinq, Paris, Le Livre de Poche, 2000.
- NIETZSCHE (Friedrich), *Par-delà le bien et le mal*, traduction de Patrick Wotlinq, Paris, GF-Flammarion, 2000.

- PASCAL (Blaise), *Pensées*, Édition Lafuma, Paris, Seuil, 1962.
- PLATON, *Gorgias*, traduction de Monique Canto-Sperber, Paris, GF-Flammarion, 2007.
- ROUSSEAU (Jean-Jacques), *Discours sur l'origine et les fondements de l'inégalité parmi les hommes*, Paris, GF-Flammarion, 2008.
- SARTRE (Jean-Paul), *L'Être et le Néant*, Paris, Gallimard, 1943.
- SCHOPENHAUER (Arthur), *Les Deux Problèmes fondamentaux de l'éthique*, traduction de Christian Sommer, Paris, Gallimard, 2009.
- SMITH (Adam), *Théorie des sentiments moraux*, Paris, PUF, 2011.

TESTEZ VOS CONNAISSANCES !

ASSOCIEZ CHAQUE CITATION À L'EXPLICATION QUI LUI CORRESPOND.

Citation 1 : « Un des plus grands problèmes de l'éducation est de concilier sous une contrainte légitime la soumission avec la faculté de se servir de sa liberté. Car la contrainte est nécessaire ! Mais comment cultiver la liberté par la contrainte ? » (KANT [Emmanuel], *Traité de pédagogie*, Paris, Hachette, 1981)

Citation 2 : « Pour ce que nous avons tous été enfants avant que d'être hommes, et qu'il nous a fallu longtemps être gouvernés par nos appétits et nos précepteurs [...] il est presque impossible que nos jugements soient si purs, ni si solides qu'ils auraient été, si nous avions eu l'usage entier de notre raison dès le point de notre naissance. » (DESCARTES [René], *Discours de la méthode*, Paris, GF-Flammarion, 2000)

Citation 3 : « Trois degrés d'élévation du pôle renversent toute la jurisprudence, un méridien décide de la vérité. En peu d'années de possession les lois fondamentales changent, le droit a ses époques [...]. Plaisante justice qu'une rivière borne. Vérité au-deçà des Pyrénées, erreur au-delà. » (PASCAL [Blaise], *Pensées*, Édition Lafuma, Paris, Seuil, 1962, 60).

Citation 4 : « Agis de telle sorte que la maxime de ta volonté puisse toujours valoir en même temps comme principe d'une législation universelle. » (KANT [Emmanuel], *Fondements* *de la métaphysique des mœurs*, Paris, Hatier, 2010)

Citation 5 : « Il n'y a pas de phénomènes moraux, mais seulement une interprétation morale des phénomènes. » (NIETZSCHE [Friedrich], *Par-delà le bien et le mal*, Paris, GF-Flammarion, 2000, § 108)

Citation 6 : « La moralité ne tend pas à rester disposition en contraste avec l'agir, mais elle tend à agir, ou à s'actualiser effectivement. » (HEGEL [Georg Wilhelm Friedrich], *Phénoménologie de l'esprit*, Paris, Aubier-Montaigne, 1947, tome 2, p. 146)

Citation 7 : « La vérité est qu'il faut passer ici par l'héroïsme pour arriver à l'amour. L'héroïsme, d'ailleurs, ne se prêche pas ; il n'a qu'à se montrer, et sa seule présence pourra mettre d'autres hommes en mouvement. » (BERGSON [Henri], *Les Deux Sources de la morale et de la religion*, Paris, PUF, 2008, chapitre 1)

Explication a : le critère de l'action morale n'est pas un motif particulier ou sensible ; l'action morale est celle qui obéit à une loi qui pourrait s'appliquer à n'importe quel individu autre que moi se trouvant à ma place.

Explication b : l'homme a sélectionné dans la nature les comportements qui étaient conformes aux valeurs sociales et humaines : ainsi, la source du devoir se trouve dans la nature.

Explication c : la morale est le fruit d'une interprétation de la vie.

Explication d : ce sont les grands hommes qui nous apprennent la moralité et non une quelconque théorie morale. L'éducation morale réside d'abord dans l'inspiration et l'imitation de personnalités moralement supérieures.

Explication e : il faut d'abord subir une contrainte extérieure pour pouvoir ensuite être capable de décider librement de nos devoirs et ainsi devenir un être moral : la difficulté de l'éducation morale est de parvenir à contraindre un autre être à devenir autonome.

Explication f : les principes de la morale varient selon l'espace et le temps, ce qui met doublement en péril leur constance. Il semble bien que la morale soit une pure convention relative.

Explication g : la moralité ne peut être réduite à un principe intellectuel : elle doit exister en acte.

Explication h : l'éducation morale nous inculque les normes sociales, mais seule notre raison peut nous élever à la dignité d'homme, en ce qu'elle nous permet de juger les normes sociales à l'aune de valeurs morales.

Explication i : faire son devoir consiste à perfectionner sa vertu morale personnelle, qui réside dans la capacité à analyser une situation de manière prudente et pondérée.

Explication j : il existe des principes moraux constants que l'on retrouve dans toutes les cultures, notamment celui qui consiste à dire qu'il vaut mieux faire le bien que le mal.

- N'avons-nous de devoirs qu'envers autrui ? (bac L 2006)
- Les passions nous empêchent-elles de faire notre devoir ? (bac S 2000)
- Qu'avons-nous à gagner à faire notre devoir ?
- Pouvons-nous faire coïncider nos désirs avec nos devoirs ?
- Peut-on faire son devoir par habitude ?
- Ne fait-on son devoir que par crainte du regard d'autrui ?
- Suffit-il de remplir ses devoirs pour être heureux ?
- Tout droit implique-t-il un devoir ?
- Un homme libre est-il un homme sans devoir ?
- Peut-on réduire le devoir moral à une obligation sociale ?

Rendez-vous sur lepetitphilosophe.fr et découvrez :

Plus de 1200 analyses
Claires et synthétiques
Téléchargeables en 30 secondes
À imprimer chez soi

www.lepetitphilosophe.fr

ISBN version numérique : 978-2-8062-4464-2
ISBN version papier : 978-2-8062-4442-0
Dépôt légal : D/2017/12603/563

Schémas réalisés par Alberto Molina Pérez, doctorant en philosophie des sciences (Université Paris I-Panthéon-Sorbonne)

Conception numérique : Primento,
le partenaire numérique des éditeurs.